Capítulo 1

Um estranho no ninho

Era o começo das férias de verão no bairro do Limoeiro. Cebola aproveitava para tentar ganhar pontos e subir no placar mundial do jogo on-line *Legends of Fantasy* quando recebeu uma mensagem da Mônica para ir até a sorveteria encontrar a galera. Ele só ia terminar aquele nível e já ia. Mas, antes que pudesse sair do *game*, seu computador travou e, quando Cebola conseguiu fazer a máquina voltar a funcionar, viu que vários de seus itens haviam sido roubados por outros jogadores. Ele esbravejou, mas sabia que não havia o que fazer: sua máquina era meio antiga e, às vezes, dava esses paus. Quem sabe no Natal pudesse ganhar um novo? Era questão de conversar com seus pais. Então, Cebola desistiu do *game* e foi para a sorveteria.

Ao entrar, viu um desconhecido na mesa com a Mônica, o Cascão e a Magali. Apesar de não saber quem era, Cebola já não gostava dele. O cara não parecia nada simpático! E por que estava sentado bem ao lado da Mônica?

– Cê! Lembra do Nico? – Mônica, animada, reapresentou os dois.

Cebola cumprimentou primeiro Magali e Cascão e então parou em frente a Nico e respondeu:

– Não. Nunca vi.

REINALDO DOMINGOS E MAURICIO DE SOUSA

TURMA DA MÔNICA JOVEM ©

SEM SONHOS

Participação especial: Nico

MAURICIO DE SOUSA EDITORA

editora dsop

– E aí, beleza? – Nico abriu um sorriso, que Cebola respondeu com um aceno de cabeça.

– Claro que viu! Ele já veio na minha casa antes, o avô dele é amigo do meu pai. Você não lembra?

– Não. Ele está na sua casa?! – a voz saiu mais alta do que o Cebola esperava, com um tom de indignação.

Cascão tentou disfarçar o papelão que Cebola estava fazendo:

– Pô, Careca! Ele só não teve tempo de participar de um dos seus planos infalíveis com a gente!

– Foi mal, não lembro – Cebola pegou uma cadeira e abriu espaço entre Nico e Mônica.

A garota reparou o modo grosseiro do Cebola, mas achou melhor não comentar, para não deixar Nico mais desconfortável. Magali, percebendo o esforço da amiga, retomou o assunto com o visitante.

– Então, Nico, você estava contando que tem uma banda com uns amigos...

– É! O nome é *Os Sonhadores*. Eu toco baixo, meu amigo André, guitarra; e a Tomoko, bateria. E temos duas vocalistas: a Isa e a Rebeca. Vocês iriam gostar deles, são muito legais. Mas a gente ainda precisa ensaiar bastante. Faz pouco tempo que conseguimos os instrumentos musicais e o dinheiro pra pagar as aulas.

– Nico, conta pra eles o jeito que vocês fizeram pra arrumar o dinheiro pra isso tudo! É demais! – Mônica falou, tentando deixar o menino o mais à vontade possível.

– Imagino... – virou os olhos e sussurrou Cebola, levantando-se em seguida para pegar um sorvete no balcão, mas continuou prestando atenção à conversa.

Nico percebeu a animosidade de Cebola e estava mais sem graça do que nunca. Tímido como era, a última coisa que queria era arrumar confusão com um amigo da Mônica. E como fazia muito tempo que os dois não se viam, decidiu tentar mostrar boa vontade.

– Na verdade, é bem simples. Todo mundo pode usar esse método. O primeiro passo foi diagnosticar a situação. Nós decidimos formar uma banda. Mas eu precisava ter um baixo...

– Sei... – Cebola voltou à mesa e olhou com um interesse fingido para Nico. Afinal, quem era esse cara? E do que estava falando? A Mônica não podia estar mesmo interessada naquela baboseira, pensou.

ORIENTAÇÃO DO NICO

VOCÊ PODE USAR ESSA TÉCNICA PRA CONSEGUIR QUALQUER COISA, REALIZAR QUALQUER SONHO. MESMO SE VOCÊ NÃO RECEBER MESADA, PODE GUARDAR UMA PARTE DO DINHEIRO QUE GANHA DE VEZ EM QUANDO DOS SEUS PAIS, TIOS, AVÓS...

– Então – continuou Nico. – Eu tinha esse desejo, esse sonho, era algo que queria muito. A partir daí, precisava dar um jeito para realizá-lo. Por isso, pesquisei o valor do instrumento em diferentes lojas e, antes de gastar com qualquer outra coisa, passei a poupar todo mês uma parte da minha mesada. Alguns meses depois, consegui comprá-lo.

– Ah, parece fácil – Magali estava animada com esse plano de Nico e ainda constrangida com o comportamento do Cebola.

– E é! Você pode usar essa técnica pra conseguir qualquer coisa, realizar qualquer sonho – respondeu Nico, aliviado por Magali ser gentil com ele. – Mesmo se você não receber mesada, pode guardar uma parte do dinheiro que ganha de vez em quando dos seus pais, tios, avós...

– Pô, da hora. Posso usar isso para comprar um *skate* novo! – concordou Cascão.

– Ou um celular novo! Ia ser demais – emendou a Mônica. – Cebola! Você devia fazer isso e trocar de computador, assim ia parar de reclamar do seu...

– Cara, é superpossível! Eu e minha irmã fizemos isso pra comprar um tablet pro meu avô, e deu certo – Nico tentou trazer Cebola para a conversa.

– Maneiro, maneiro – Cebola foi cortando. – E você não vai aproveitar as férias pra ensaiar com a sua banda? – perguntou com um tom sarcástico.

Mônica percebeu a ironia e deu um chute nele por baixo da mesa. Cebola viu estrelas e, para conter o grito de dor, emendou a pergunta:

– Vaaaaai ficar até quando aqui?

– Só esta semana – Nico respondeu.

– E vai ser ótimo, porque amanhã vai ser inaugurada a exposição sobre as antigas civilizações das Américas. O bairro inteiro está ansioso e o Franja garantiu que essa é a mostra mais legal que o museu já recebeu – enfatizou Mônica.

– Então, ele vai com a gente amanhã? – perguntou em tom indignado Cebola.

– Claro que ele vai, Cebola! – Mônica começou a perder a paciência. – E, se não estiver a fim, você não precisa ir.

– É... vou ver. Por falar nisso, eu vou nessa – disse Cebola e já foi levantando, pois não era obrigado a ficar fazendo sala para aquele cara intrometido.

– Mas você nem terminou seu sorvete! – comentou Magali.

– Nem tá bom. Falou, ***galela!*** – se despediu Cebola, tão nervoso que trocou o R pelo L, como fazia na infância.

Nico ia ficar quieto, mas achou melhor dizer algo a fingir que nada tinha acontecido.

– É... acho que ele não me curtiu muito.

– Ih, cara, não liga. O Cebola é assim: no começo, é meio ciumento, mas depois fica de boa – argumentou Cascão.

– É, o Cascão tem razão. Amanhã ele vai estar mais... – Magali procurou a palavra, mas não achou o que dizer.

– Agradável – completou Mônica. – Ou eu vou ter uma conversinha com ele.

– Nico, que tal me explicar sobre esse esquema dos sonhos mais tarde, hein? A gente podia aproveitar a pista de *skate*, você leva seus patins – disse Cascão.

– Legal – Nico ficou animado por ser incluído por Cascão. – Vamos, sim. Pode ser, Mônica?

– Claro!

– Fechou! – completou Cascão. E os quatro saíram da sorveteria.

Capítulo 2

O museu

Mônica e Nico passaram na casa dela, pegaram o par de patins do garoto e foram encontrar a Magali. Eles combinaram de encontrar o Cascão direto na pista de *skate*. Porém, ao chegarem lá, nem sinal dele. Magali mandou uma mensagem pro Cascão, que a visualizou, mas não respondeu. Os três, então, decidiram passar na casa dele.

– Cascão! Fomos até a pista de *skate*. Por que você não apareceu lá?

– Ah, não tava a fim, Mônica.

– Mas a gente combinou! – Magali insistiu. – E eu te mandei mensagem e você nem pra responder.

Cascão deu de ombros. Ele não parecia interessado em conversar com os três.

– Você tá esquisito... – disse Magali.

– Também acho – concordou Mônica com Magali.

– Ah, você não queria conversar sobre seu sonho? Como fazer pra conseguir? – Nico tentou mudar de assunto para ver se Cascão se animava.

– Sonho?

– É... você falou que queria um *skate* novo.

– Tanto faz.

– Pode ser outra coisa também: uma viagem, um curso, qualquer sonho dá pra planejar pra ser realizado.

– Não... não quero nada. Sem sonhos, valeu – cortou Cascão e aumentou o volume da TV.

– Afe! Tá bom, Cascão. Se isso é pra mostrar lealdade ao Cebola, você está sendo ridículo! Vamos, gente – Mônica saiu pisando duro e puxou os outros dois com ela.

Mônica sugeriu que eles fossem dar uma voltinha no parque e que revezassem os patins de Nico, que concordou com a ideia. No entanto, Magali foi embora antes pois precisava encontrar o namorado Quim, logo Mônica e Nico foram sozinhos.

Como fazia tempo que não visitava a amiga no bairro do Limoeiro, Nico percebeu que o parque estava bem diferente do que se lembrava. Era a primeira vez que ficavam realmente sozinhos e aproveitaram para colocar o papo em dia quando, de repente, surgiu uma pessoa em frente aos dois. Eles se assustaram e deram um pulo para trás: era Denise.

– Oi, fofucha! Não vai apresentar o *boy*, não? – Denise já foi sacando o celular e tirando uma foto dos dois.

– Denise, esse é meu amigo Nico. Nico, Denise.

– Oi, "amigo" Nico. Como eu nuuuunca vi ou ouvi falar de você? Como pode?

– Eu não sou daqui, moro em outra cidade, Guatinga.

– É, fazia tempo que ele não vinha me visitar.

– Sei... bom, miguchos, tenho que ir – declarou Denise, mas antes de ir embora, pegou o celular e tirou outra foto dos dois. – Vou deixar os pombinhos em paz. *Bye*!

E Denise sumiu da mesma forma que apareceu.

– Pombinhos?

– Não liga para ela, não. A Denise é assim mesmo.

Denise não perdeu tempo e já foi logo postando suas impressões no feicebúqui. Cebola, que continuava tentando arrumar o seu computador, tomou um susto quando viu a postagem da amiga.

Ela colocou a foto da Mônica e do Nico juntos no parque e completou com a legenda: "Bafão, gente! E esse tal de Nico? Seria o novo amor da Mônica? O que o *Do Contra* e o Cebola vão achar disso?". Cebola não acreditava no que via. Será que os dois estavam mesmo juntos? Se bem que a Denise sempre foi fofoqueira e adorava aumentar as histórias. Na tentativa de descobrir alguma coisa, ele mandou uma mensagem para o Cascão, mas o amigo não respondeu.

No dia seguinte, Mônica, Nico e Magali foram encontrar a galera em frente ao prédio do museu. Boa parte do pessoal do bairro tinha aparecido para a inauguração da exposição, mas nem sinal do Cascão ou do Cebola. Quim, namorado da Magali, estava por lá e ela foi encontrá-lo. Já Mônica e Nico entraram na fila para comprar os ingressos, quando ouviram alguém gritando.

– Ei, Nico! – era o Cebola, que vinha correndo ao encontro deles.

– E aí, cara? Beleza?

– Beleza? Que história é essa de você e da Mônica?

– Hein? Tá falando de mim, Cebola? – Mônica foi entrando na conversa. – Porque eu estou bem aqui.

– Tô falando de vocês dois, do *post* da Denise. Mas tô perguntando pra ele, não pra você.

– Que *post*? – quis saber Nico, já que ele não era amigo de Denise.

Cebola pegou o celular e mostrou o feicebúqui para os dois, e a foto de Denise já tinha comentários de toda a galera. Até o *Do Contra* escreveu, declarando que não ia comentar.

– Afe, e você acredita nessas coisas? E, também, se fosse verdade, não seria da sua conta.

– É, a Mônica é só minha amiga.

– Você é um folgado! Chega aqui, como quem não quer nada, tentando ganhar a galera com esse papinho de realizar sonhos...

– Ei! Eu só contei minha experiência que deu certo; se você está com ciúme, não tenho culpa.

– Ciúme? – Cebola estava indignado.

– É, Cebola, essa sua cena de ciúme já foi longe demais. Vamos, Nico, vamos voltar para a fila.

Mônica puxou Nico pela mão, Cebola foi atrás. Ele ia retrucar, mas todos deram de cara com Magali, que estava indo embora com uma expressão esquisita.

– Ei, Magá! Você já visitou tudo? – Mônica parou em frente à amiga.

– Ah, não tô a fim, vou pra casa.

– Mas combinamos de visitarmos juntas! Você entrou e saiu? Por quê?

– Porque sim – e Magali deu as costas para os três e saiu andando.

– Nossa... – Mônica ficou um pouco sentida com a atitude da amiga.

– Quer saber? Vou nessa também – e Cebola foi embora.

– Mas a Magali era quem mais queria ver a exposição...

– E, pelo visto, não foi só ela que mal entrou e já saiu... – Nico falou apontando para a entrada do museu, onde várias pessoas saíam com a mesma expressão apática.

– Que estranho! Talvez seja melhor voltarmos amanhã; deve estar muito cheio lá dentro – disse Mônica ao tomar o caminho de casa.

Nico ficou pensando e achando tudo muito suspeito e percebeu que Mônica estava decepcionada.

– Talvez a gente devesse passar na casa da Magali e ver se ela quer fazer outra coisa.

– Pode ser! Boa ideia – animou-se Mônica.

Ao chegarem à casa da Magali, encontraram a menina deitada na cama, olhando para o teto. Tentaram puxar vários assuntos, mas todos foram em vão.

– Não quero – era tudo o que Magali se limitava a dizer.

– A gente podia ouvir uma música – tentou Nico.

– Não.

– Então... que tal fazermos os planos para vocês irem me visitar em Guatinga?

– Legal! Vamos, Magá? A gente pode fazer o que o Nico falou pra gente. Ir guardando o dinheiro, fazer disso um dos nossos sonhos, o que acha?

– Não... não tenho nenhum sonho.

Mônica e Nico saíram da casa de Magali frustrados e pensaram a mesma coisa: ela estava agindo da mesma forma que o Cascão!

Capítulo 3

O limoeiro está deserto

Mônica pediu desculpas a Nico por toda aquela confusão bem na época em que ele estava lá. Os amigos dela estavam tratando todos muito mal. Era esquisito demais.

– Que é isso, Mônica? A culpa não é sua. Tem algo estranho acontecendo... Os seus amigos já agiram assim antes?

– Não, nunca. Quer dizer, o Cebola já, mas é só ciúme. Agora, o Cascão e a Magali... Muito esquisito isso.

– Será que alguma coisa não está causando esse comportamento?

– Tipo o quê?

– Não sei, uma doença, um veneno, uma onda eletromagnética, vai saber... Pode ser qualquer coisa – foi divagando Nico.

– Hum... talvez... A nossa galera já enfrentou umas paradas estranhas, magias, algumas criaturas mitológicas, fantasmas do passado.

– Acho que temos que investigar isso, tentar descobrir alguma coisa. Se tem mais pessoas assim ou qual a duração disso. Por que já pensou se eles ficarem desse jeito pra sempre?

– Nossa! Não! Assim? Sem nenhum sonho? Você tem razão! A gente precisa descobrir o que está acontecendo. Vamos tentar encontrar outras pessoas da galera e ver se mais alguém notou alguma coisa de diferente.

Os dois saíram pelo bairro e o que descobriram foi alarmante. Primeiro que não encontraram muitas pessoas pelas ruas, que estavam desertas. Segundo que vários estabelecimentos tinham sido abandonados. Mônica decidiu ir até as casas dos seus amigos Xaveco, Cascuda e *Do Contra*, e todos tinham o mesmo comportamento: estavam prostrados, sem vontade ou ânimo para fazer absolutamente nada.

– É como se eles não tivessem mais vontade de fazer nada – falou Mônica, indignada.

– Nenhum sonho... É como se não fizessem mais questão de... viver! – desconfiou Nico.

– Nico, isso é horrível. E vários adultos estão assim também! Você viu o pai do Xaveco e os pais do Cascão? Tenho medo que meus pais voltem para casa desse jeito.

– Se a gente tivesse mais pessoas pra ajudar a procurar pistas seria bom. Vamos falar com o Cebola?

– Ah, não! De jeito nenhum! Você viu o papelão que ele fez. Acha que o Cebola vai ajudar? Não – Mônica fez uma pausa para pensar um pouco. – Vamos nos dividir. Você fala com as pessoas que encontrar e eu faço o mesmo, por outro caminho. A gente se encontra em frente à sorveteria, daqui a duas horas, o que acha?

– Beleza, Mônica!

Duas horas depois, Nico estava em frente à sorveteria, e nada da Mônica. Ele esperou por mais uma hora, e nem ela, nem ninguém apareceu. Ao voltar para a casa da amiga, a encontrou na porta, sentada.

- NENHUM SONHO... É COMO SE NÃO FIZESSEM MAIS QUESTÃO DE... VIVER!

– Mônica! Estava esperando por você na sorveteria, o que aconteceu?

– Nada.

– Mas a gente tinha combinado...

Ela só olhou para Nico, não respondeu e continuou olhando para o nada.

– Mônica, você falou com alguém? Porque todo mundo que encontrei estava com a mesma apatia com que você está agora.

– Hã? Não.

Nico estava cada vez mais aflito, e tudo indicava que Mônica também tinha sido afetada. E, ao entrar na casa da amiga, piorou: os pais dela também estavam esquisitos.

– Mônica! A gente precisa fazer alguma coisa.

– Não tô a fim.

– Você não quer fazer nada? Não tem vontade de nada?

– Não.

Nico não podia perder mais tempo e resolveu recorrer à pessoa que sempre o ajudou a resolver os problemas: o vô Amadeu. Ligou para ele e lhe explicou que todos pareciam ter perdido a vontade de fazer qualquer coisa. O experiente Amadeu sugeriu que o neto procurasse outras pessoas do bairro, pois em grupo era mais fácil descobrir o que estava acontecendo.

– E parece ser algo grave, já que não há nada mais triste do que pessoas sem sonhos, Nico. Afinal, os sonhos movimentam a vida! – disse Amadeu ao telefone, que sugeriu buscar o neto.

Mas o garoto quis tentar falar com outros adultos e prometeu que, se houvesse qualquer problema, ligaria de novo. Nico decidiu, apesar de tudo, procurar o Cebola. Afinal, todas as outras pessoas que conhecia ali pareciam afetadas e, pelo que ele se lembrava de quando eram crianças, o Cebola era bom em bolar planos.

– E PARECE SER ALGO GRAVE, JÁ QUE NÃO HÁ NADA MAIS TRISTE DO QUE PESSOAS SEM SONHOS, NICO. AFINAL, OS SONHOS MOVIMENTAM A VIDA! – DISSE AMADEU AO TELEFONE, QUE SUGERIU BUSCAR O NETO.

Cebola estava aborrecido, tentando mais uma vez arrumar o seu computador, quando a campainha tocou. Era o Nico. O que esse cara queria agora ele não tinha ideia. Nico já chegou falando sobre a apatia, uma possível doença que atingiu a todos no bairro. Cebola só olhava.

– Acho que você também foi afetado – falou Nico, desanimado.

– Afetado? Pelo quê? Do que você tá falando, cara?

– Todos estão assim! Lembra-se da Magali indo embora do museu? Disse que só queria ficar em casa? Estão todos agindo dessa maneira, até a Mônica – Nico tinha urgência de que Cebola entendesse a gravidade da situação. – É como se ninguém mais tivesse nenhum sonho, vontade, nada.

– Você está bem maluco, cara. Bem maluco!

– Então, venha ver com seus próprios olhos! Eu vou com você até a casa dos seus amigos.

Ainda contrariado, Cebola foi com Nico até as casas do Cascão, da Magali e da Mônica. Afinal, vai que o garoto estivesse certo... e ele estava! Estavam todos apáticos, parecendo quase zumbis.

– Nico, a gente precisa fazer alguma coisa! E parece que não sobrou muita gente além de nós dois.

Capítulo 4

A volta do Capitão Feio

Depois de finalmente conseguir mostrar o preocupante cenário para Cebola, Nico explicou que ele e a Mônica já tinham conversado com algumas pessoas do bairro e que a maioria estava apática.

Para Cebola, não adiantava só ver quem estava afetado; eles precisavam descobrir um ponto em comum entre aquelas pessoas, porque a causa, qualquer que fosse, deveria ter um foco. Se eles descobrissem qual era, seria mais fácil desvendar o problema e, depois, encontrar a cura.

Então, Cebola sugeriu que eles dessem uma nova volta pelo bairro e, mesmo para as pessoas apáticas, perguntassem o que tinham feito durante o dia, se tinham ido a algum lugar diferente, comido alguma comida ou notado qualquer coisa que parecesse suspeita. Nico concordou. Diagnosticar a situação era a melhor coisa a fazer para tentar resolver o problema.

Eles conseguiram conversar com algumas pessoas, e todas apresentavam apatia. Mas, com algum esforço, colheram informações cruciais:

– E o que você fez de diferente hoje? – perguntava Cebola.

– Hum, fui ao museu e comi cachorro-quente – respondeu uma menina.

– Nada – disse menino de uns 10 anos. – Tentei ir ao museu, mas desisti.

– Fui ao dentista, comi um lanche e fui ao museu – respondeu, sem nenhuma emoção, Toni.

Depois de várias respostas, Cebola e Nico tinham um lugar para começar a procurar e falaram ao mesmo tempo:

– O museu!

Os dois saíram correndo para o prédio no centro do bairro.

– Eu já deveria ter imaginado – começou a explicar Cebola. – Isso tem a cara do Franja! Ele traz esses artefatos antigos para a cidade e dá nisso...

– Mas será que tem relação direta com a exposição? – perguntou Nico, um pouco descrente da ideia.

– Com certeza! E não seria a primeira vez! Ele precisa tomar mais cuidado com o que traz pro Limoeiro. Se não foi algo que ele trouxe, deve ser uma das máquinas malucas que inventou.

Tudo estava deserto em frente ao museu e dentro dele. Cebola liderou o caminho até a sala de Franja. O rapaz estava lá, sentado numa cadeira, contemplando o nada.

ORIENTAÇÃO DO NICO

DIAGNOSTICAR A SITUAÇÃO ERA A MELHOR COISA A FAZER PARA TENTAR RESOLVER O PROBLEMA.

– Franja, tá tudo bem?

– Tá.

– O que você tá fazendo? – perguntou Nico.

– Nada.

– Franja, esse é o Nico. Cara, você reparou que tá todo mundo muito esquisito?

– Não.

– Inclusive ele – cochichou Nico para Cebola.

– É, acho que ele também está – Cebola nem se preocupou em baixar a voz. – Franja, você viu alguma coisa diferente por aqui?

– Não.

– Ele não vai ser de muita ajuda – olhou Nico desanimado para o Franja.

– Mas tem que ser algo por aqui! Quase todo mundo mencionou o museu – argumentou Cebola, que não queria se dar por vencido.

– Sim, só pode, e a gente precisa descobrir logo, porque vai que acontece com a gente também.

– Por isso eu acho que não é uma doença. Se fosse, provavelmente já estaríamos contaminados – refletiu Cebola.

E continuou:

– Deve ser alguma outra coisa, algum tipo de ataque que acontece aqui no museu. Ou uma doença que não é contagiosa – replicou Cebola.

– Se tivesse um jeito de vermos o que aconteceu...

Os dois começaram a olhar ao redor, na sala do Franja, e Cebola deu um grito.

– Arrá! E tem! As câmeras de segurança! Existem muitas espalhadas pelo museu inteiro. Se assistirmos às gravações, talvez a gente descubra o que rolou.

– Mas teremos muitas horas de material pra ver – respondeu Nico, um tanto desanimado.

– Você tem alguma ideia melhor? – perguntou Cebola para Nico e já se virou para Franja. – Onde fica a sala da segurança do museu?

– No fim do corredor, à esquerda.

Nico e Cebola correram para lá. Não havia ninguém trabalhando. Cada um sentou em frente a um computador e os dois começaram a assistir aos vídeos daquele dia. De repente, Cebola se empolgou:

– Achei! Achei! Olha isto aqui!

Apreensivo, Nico foi até o monitor em que Cebola estava analisando as imagens. O garoto mostrou um trecho em que, quando algumas pessoas estavam passando por um corredor, uma poeira aparecia e tomava conta da cena. Quando ela se dissipou, as pessoas mudaram de rumo e foram embora. Eles observaram mais trechos da filmagem e viram o mesmo acontecer com várias pessoas diferentes, inclusive com a Magali!

– Sabemos que é uma poeira, mas o que libera essa poeira? E não é no corredor da exposição das antigas civilizações das Américas. – indaga Cebola.

– Eu tenho a impressão de ter visto algo se mexendo em uma das filmagens, além das pessoas... – falou Nico. – Vamos assistir de novo?

Eles viram de novo e de novo, até que Nico apontou para um pano que entrava e saía de cena. Cebola olhou com cuidado e...

– É óbvio! Não foram os artigos históricos nem uma invenção do Franja! É um velho conhecido nosso.

– Então você já sabe o que está causando isso?

– O quê, não! Quem! É o Capitão Feio! Esse pano que se mexe é um pedaço da capa dele! Não acredito que ele voltou!

– Capitão Feio? Quem é esse?

– É um antigo vilão. Ele tenta dominar o mundo e transformar tudo em sujeira desde que somos crianças, mas nunca conseguiu. Uns tempos atrás, ele apareceu e se uniu a uma bruxa tão velha quanto essas coisas que o Franja guarda aqui no museu.

– E agora? – quis saber Nico.

– Agora? Vamos acabar com ele! – falou Cebola animado, dando uma batidinha na mesa.

Capítulo 5

O plano (quase) infalível do Capitão Feio

– Resta saber se ele ainda está pelo museu ou se está atacando as pessoas em outro lugar – ponderou Cebola, que continuava a examinar as gravações.

Os dois passaram a monitorar os sinais ao vivo das câmeras para ver se encontravam o vilão. Mas nada dele. Nem sinal. Deixaram as câmeras gravando e foram dar outra volta pelo bairro, agora procurando por possíveis esconderijos do Capitão Feio.

– Ele é sujo, gosta de lixo... Talvez esteja próximo a um aterro ou algum lugar assim – sugeriu Cebola.

– Cebola, e tem como derrotar esse cara? – questionou Nico, que nunca tinha ouvido falar no vilão e estava preocupado com as possíveis armas que ele tivesse. Além disso, como os dois, sozinhos, iriam se livrar de um inimigo que deixou a cidade inteira sem sonhos?

– Água é o ponto fraco dele! Temos que dar um jeito de jogar muita água nele ou então enganar esse vilão de meia-tigela pra ele cair no rio.

Mesmo usando bicicletas para transitar mais rápido pelo bairro (Cebola pegou a dele e emprestou a do Cascão para Nico), os garotos não encontraram nem sinal do Capitão. Talvez ele estivesse mesmo escondido no museu. Por isso, a dupla decidiu que era melhor voltar para lá.

– Ele está aqui! – sussurrou animado Cebola ao assistir às gravações das últimas horas.

– Temos que ter um plano. Não podemos ser atingidos por aquela poeira. Se a gente usasse umas máscaras, talvez resolvesse...

– Boa, Nico! Tem uma farmácia aqui na esquina. Você consegue pegar umas máscaras lá? Enquanto isso, eu ajeito a parte do plano em que vamos nos livrar dele.

– Fechou!

Nico saiu apressado para comprar as máscaras e Cebola foi organizar o resto do plano infalível. Minutos depois, os dois se encontraram na porta do museu, e Cebola deu as instruções: eles tinham que atrair o Capitão Feio para o salão das armaduras medievais. Os garotos colocaram as máscaras e foram ao local onde o Capitão havia atacado outras pessoas.

Tensos, eles caminhavam lentamente pelo museu à espera de um ataque iminente.

Fuuuuuuuuuu... Buuuuum! Após o estrondo, uma poeira invadiu o ambiente, e o Capitão Feio falou qualquer coisa que eles não conseguiram entender. Mas as máscaras funcionaram! Assim que a poeira se dissipou, Nico e Cebola continuavam plenamente conscientes e puderam ver o vilão em carne, osso e sujeira. Os dois saíram correndo em direção ao salão das armaduras, e o Capitão disparou atrás deles. Essa parte do plano deu certo, e os três chegaram até a sala.

– Bom, bom, bom. Não sei como vocês não foram enfeitiçados, mas agora estão encurralados e vou resolver esse probleminha de maneira bem rápida – e o Capitão deu uma risada bem vilanesca.

– Vai mesmo? O que você aprontou desta vez, hein, Feioso?

– Feioso, não! Capitão Feio pra você! E quem é esse aí que eu nunca vi?

O plano do Cebola estava dando certo: enquanto o Capitão Feio falava sem parar, ele e Nico iam se ajeitando para que o vilão ficasse exatamente na posição que Cebola havia planejado.

– Sou o Nico, amigo da Mônica...

– E meu amigo também – completou Cebola.

– Bem, Nico, amigo desses fedelhos, já chegou a hora de você se esquecer de todos os seus sonhos e desejos – enquanto falava, o Capitão Feio atirou um jato de poeira em Nico.

Nico conseguiu se proteger a tempo, antes de ser atingido.

– Ah, uma máscara! Vocês acham mesmo que vão conseguir se defender o tempo todo com uma reles máscara?

– Qual é o seu plano desta vez? Você ainda não falou – tentou novamente Cebola.

– Você acha que eu sou esse tipinho de vilão que chega no final e sai contando o plano, assim? Sem mais nem menos?

– Sim – responderam os dois, em tom de riso e desafio.

– Quer saber? Vou contar mesmo! Já que você é o metidinho dos planos, saiba que meu plano é melhor do que qualquer um que você jamais fez ou fará!

– Duvido – desafiou Cebola.

– Lembra da Yuka?

– A feiticeira que você libertou e depois fez você de serviçal? E que eu e a galera derrotamos? Claro que lembro!

– Ela mesma. Antes de vocês a derrotarem, eu consegui pegar uma poção poderosa dela. Depois de vários testes, combinei a poção com a minha magia, e o resultado é essa poeira capaz de tirar todos os sonhos e desejos de qualquer pessoa. O Limoeiro foi só o começo, um local de testes! Daqui, vou expandir meus poderes para o resto do mundo! E quando todo mundo estiver apático, ninguém vai me impedir de dominar tudo e fazer o que eu bem entender com o planeta!

– É um plano razoável, mas cansei das suas baboseiras – Cebola pegou a mangueira de incêndio que tinha escondido na sala, ligou e a disparou no Capitão Feio, que estava bem na posição correta.

Ao mesmo tempo Nico gritou:

– Ainda não!

Mas era tarde demais! Com a força do jato, o Capitão Feio foi arremessado pela janela.

– O que foi? Agora ele já deve estar no rio, indo pra outra parte da cidade. Se tivermos sorte, não vamos ouvir falar dele por um bom tempo.

– Sim, mas é que não deu tempo de arrancar dele a explicação de como retirar o feitiço – lamentou Nico.

Capítulo 6

O plano infalível

– Cara, a solução é simples: a mesma que usamos nele. Ou seja, água!

Cebola saiu correndo até a sala do Franja, e Nico foi atrás dele. Ele pegou a garrafinha de água que estava na mesa e jogou o líquido na cara do apático funcionário do museu e... nada! Franja apenas deu uma olhada feia para Cebola, mas nem se mexeu.

– Não sei bem se só a água vai resolver – falou Nico e tentou ser o menos sarcástico possível, mas falhou miseravelmente.

Os dois voltaram ao salão das armaduras, onde haviam enfrentado o Capitão Feio, na esperança de encontrar alguma pista que pudesse ajudá-los na solução do problema. Eles acharam uma espécie de mochila com a tal poeira enfeitiçada. Cebola estava certo de que, usando a poeira, eles trariam todos de volta ao normal.

Os dois decidiram testá-la no Franja novamente, mas ele não estava mais na sala dele. Enquanto procuravam por ele, encontraram um garoto de uns 10 anos, que estava apático, sentado no cantinho de uma sala, e por isso nunca saiu do museu.

– Tomara que dê certo! – Cebola acionou o mecanismo da mochila, que tinha uma pequena mangueira, e jogou a poeira sobre o menino. – Por favor, garoto, volte a ter sonhos!

O menino começou a tossir e, segundos depois, estava diferente. A expressão de vida voltou ao seu rosto.

– Ei! O que aconteceu? Cadê todo mundo? Cadê meus amigos e meu tio?

– Não sei, garoto. O que importa é: você tem algum desejo? – perguntou Cebola.

– Desejo? Como assim?

– Ah, alguma coisa que você queira ter, ganhar, conquistar – Nico tentou ajudar Cebola para que os dois pudessem ter certeza de que tinha funcionado.

– Claro que sim! Quem não tem? Se bem que talvez eu não tivesse! O que está acontecendo?

– Melhor você ir pra casa – aconselhou Cebola.

O menino saiu correndo, enquanto Nico e Cebola comemoraram.

– Deu certo!

– Sim! Mas eu jurava que seria algo além da poeira – comentou Nico. – Está parecendo fácil demais.

– Depois de tudo isso? – Cebola estava indignado com Nico. Parecia que estava atrás de mais complicação. – O problema é que só isso aqui não vai dar para a cidade inteira.

– Ele devia ter algum estoque... se planejava mesmo dominar o mundo.

– E deve estar no museu, Nico! Por isso ele atacava as pessoas aqui.

– Faz sentido. Talvez ele tenha escondido a poeira em algum objeto do próprio museu.

Os dois saíram procurando e, na sala com artefatos egípcios, repararam que havia uma poeira esquisita saindo de um dos sarcófagos. Ao se aproximaram, viram que o túmulo estava entreaberto e... lá estava o estoque de poeira do Capitão Feio!

Os garotos recarregaram a mochila e voltaram até a sala do Franja para procurar outra coisa em que Nico também pudesse carregar a poeira. O jeito foi usar a mochila do próprio Franja. E também colocaram a poeira em dois latões de lixo, deixando só um restinho no sarcófago.

Então, finalmente, saíram do museu. Cada um em uma bicicleta, com um carrinho improvisado para puxar um latão de lixo. Eles andaram pelo Limoeiro jogando a poeira nas pessoas. O problema é que isso parecia não estar desfazendo o feitiço.

– Cebola, tem algo errado! As pessoas não estão voltando ao normal.

– Deve levar um tempinho. Com aquele moleque deu certo...

– Sim, mas o garoto voltou ao normal imediatamente. Acho que a gente deveria parar de gastar a poeira à toa.

– Besteira, Nico! Temos que ajudar todo mundo a voltar ao normal.

– Eu concordo, mas acho que tá faltando algo.

– Tá, nada! Vamos lá ajudar a Mônica, a Magá e o Cascão.

No caminho até a casa da Mônica, eles continuaram jogando a poeira nas pessoas e nas casas pelas quais passavam. Ao chegarem, estavam exaustos e perceberam que gastaram boa parte da poeira enfeitiçada. Cebola, confiante, entrou na casa, achou a Mônica, assoprou um jato de poeira nela e... nada aconteceu! Esperaram um pouco e a garota continuava apática. Nem Cebola disfarçava mais a sua preocupação.

– É, Nico, parece que não é só a poeira... Deve ter alguma parada a mais. Você estava certo...

– Precisamos descobrir o que está faltando. Não podemos deixar todos assim pra sempre!

Capítulo 7

Denise, a peça que faltava

Os dois pensaram, pensaram e pensaram mais um pouco, mas não conseguiam descobrir o que estava faltando. Afinal, o que eles fizeram de diferente com o menino que estava no museu? Cebola especulou se poderia ter relação com o fato de que o garoto estava dentro do museu, mas isso não fazia o menor sentido.

– Acho que só nos resta voltar à cena do crime e ver se descobrimos algo novo – sugeriu Nico.

MUSEU

– Tem razão, Nico. Vamos olhar as gravações de novo. Talvez elas nos deem alguma pista.

E assim fizeram. Mas não encontraram nada. Os dois repassaram o momento que o Capitão Feio tentou enfeitiçá-los, e Nico se lembrou do barulho e de, talvez, o vilão ter dito algo.

– É, Nico, talvez ele tenha dito alguma coisa. Agora que você tá falando isso...

– Você lembra o que era?

– Não.

– Nem eu – disse Nico, que, de repente, deu um pulo!

– O que foi? – perguntou Cebola, assustado.

– Desculpa, o meu celular vibrou, e levei um susto – Nico tirou do bolso e olhou. – É uma mensagem do meu avô e uma notificação do feicebúqui.

– Feicebúqui?! É isso, Nico! Como não pensei nisso antes? – Cebola tinha um novo brilho nos olhos, aquele típico semblante de quem tinha um novo plano infalível. – A Denise sempre grava tudo! Talvez ela tenha gravado o momento que o Capitão Feio a atacou! Quem sabe no celular dela tenha o áudio do que ele disse.

Apesar de estarem completamente esgotados, Cebola e Nico pegaram as bicicletas e foram para a casa de Denise. Chegando lá, encontram ela e sua família prostrados, sem fazer nada. Cebola perguntou sobre as redes sociais, sobre os *posts*.

– Não quero postar nada – falou Denise.

– Ela tá mal mesmo! – Cebola falou para Nico. – E onde tá o seu celular?

– É só emprestado, fofucha – Nico, que se lembrava bem de Denise no parque, não se aguentou.

- DESISTAM DE TODO E QUALQUER SONHO! - BRADOU O CAPITÃO, EM ALTO E BOM SOM, NO VÍDEO DE DENISE.

Denise apontou para o quarto. Os dois foram até lá, começaram a vasculhar os vídeos e acharam alguns do museu. Denise filmou a exposição e, para sorte de todos, estava lá! Ela tinha gravado o momento que o Capitão Feio apareceu, jogou a poeira enfeitiçada nas pessoas e falou as seguintes palavras:

– Desistam de todo e qualquer sonho! – bradou o Capitão, em alto e bom som, no vídeo de Denise.

– É isso! Temos que falar o que queremos.

– Como você fez com o menino, Cebola! – recordou Nico. – Você falou para ele algo como "volte a ter sonhos", lembra? Isso deve ter desfeito o feitiço.

– É verdade! Bom, só tem um jeito de testar – Cebola voltou para a sala, pegou um pouco de poeira da mochila e jogou em Denise. – Volte a sonhar!

Denise tossiu um pouco e olhou para eles desesperada.

– O que tá acontecendo? – levou a mão ao bolso da calça. – Cadê meu celular?

– Calma, tá no seu quarto – Cebola olhou para Nico e sorriu. – Funcionou!

– Sim, funcionou!

– O que funcionou? – quis saber Denise, com o celular já em mãos.

Cebola e Nico explicaram tudo o que aconteceu e pediram ajuda para desfazer o feitiço. Denise concordou, mas ela precisava de poeira enfeitiçada para sair pelo bairro.

– Só temos um probleminha – deu-se conta Nico.

– Qual? – perguntaram Cebola e Denise, ao mesmo tempo.

– A quantidade de poeira. A gente gastou quase todo o estoque! O que restou não dá pra usar em todo mundo – relembrou Nico.

– Vamos voltar pro museu, juntar tudo o que temos e ver o que dá pra fazer – sugeriu Cebola.

Os três fizeram isso e juntaram o restante de poeira que estava nos latões de lixo e no sarcófago. Realmente, não era muita. Eles precisavam de muito mais.

– E se a gente misturasse com alguma coisa? – sugeriu Nico. – Só pra render mais.

– Com água! Que é o ponto fraco do Capitão! Talvez funcione – Cebola estava animado e já foi pegando uma garrafa. – Nico, você é um gênio!

– Denise mal conhece Nico, mas também já acha ele bem espertinho! – falou Denise, tirando uma *selfie* inesperada com o adolescente.

Cebola encheu a garrafa de água e colocou uma pitada de poeira. Agora, eles só precisavam testar a solução em alguém. Andando pelo museu, eles logo reencontraram o Franja, e Cebola não teve dúvidas.

– Franja? – e enquanto jogava a água com poeira no amigo, falou: – Volte a ter sonhos!

– Hã? – falou Franja, assustado com a água em seu rosto. – Cebola? O que tá acontecendo? Que bagunça é essa no museu?

Cebola, Nico e Denise comemoraram, enquanto ela aproveitava para filmar tudo para postar depois no Iutubo.

Os amigos colocaram a água com poeira em várias garrafas e se dividiram pelo bairro. Cebola e Nico foram até a casa da Mônica e jogaram a mistura na garota e nos pais dela.

– Ei! Que é isso?! – estranhou Mônica. – Cebola? Nico? O que tá... eu estava desanimada... Com uma sensação estranha de que não queria fazer nada.

– E não queria mesmo! – concordou Nico.

– Mas a gente estava investigando isso, não? – perguntou, ainda confusa.

– Vocês estavam, mas aí você foi uma das vítimas do Capitão Feio – e Cebola contou, de novo, tudo o que aconteceu. Mônica passou a ajudar os dois a desfazer o feitiço em todos do bairro do Limoeiro. Aos poucos, as pessoas foram retornando ao normal, voltando a ter sonhos, desejos e vontade de viver.

Capítulo 8

O avô dos sonhos

Cebola, Mônica, Magali, Cascão e Nico se reuniram na sorveteria alguns dias depois da aventura contra o Capitão Feio. O bairro do Limoeiro ainda estava em polvorosa com os recentes acontecimentos. Só se falava sobre o mesmo assunto: a apatia que tomou conta de todos e como isso tinha sido alarmante.

– Gente, era uma sensação horrível, de não querer fazer nada – Mônica comentou pela décima vez.

– Eu ainda estou chocada. Era como se nada mais valesse a pena – emendou Magali.

– Pode crer – finalizou Cascão.

– É, galera, sonhos são importantes. Por falar nisso, Nico, do que você tava falando naquele dia? Qual era seu plano infalível pra realizar sonhos? – perguntou Cebola, interessado em aprender e, principalmente, mostrar para Nico que estava tudo bem entre eles. – Eu vou mesmo precisar comprar um computador novo...

– Na real, é bem simples, Cebola. São quatro passos. Diagnosticar a situação, no caso, ver com o que você está gastando dinheiro. Sonhar, saber o que quer conquistar: o computador. Orçar, saber se o preço do computador cabe ou não no bolso, isto é o que a gente chama de orçamento financeiro. Caso não caiba, será preciso reduzir as despesas para que o sonho seja realizado. É como mudar o modelo mental; primeiro os sonhos depois as despesas. E o último passo é poupar: guardar o dinheiro para o sonho. Sempre que queremos algo temos que poupar para que seja realizado, é como carimbar o dinheiro para aquele sonho, simples assim!

– Pô, até que parece simples – Cebola ficou animado.

– E é! E servem também para sonhos não materiais. Pense bem: nós fizemos isso para salvar as pessoas do bairro do Limoeiro sem que você percebesse.

– Como assim? – perguntaram Mônica, Magali, Cascão e Cebola ao mesmo tempo.

– Primeiro, diagnosticamos o problema que estava acontecendo: todos estavam apáticos. Depois, estabelecemos o que podemos chamar de "sonho", que era trazer todos de volta. O passo orçar, nesse caso, era descobrir o que precisávamos fazer para as pessoas retornarem ao normal e se conseguiríamos isso. Ou seja, a poeira e as palavras. E, por fim, poupar, utilizar a poeira enfeitiçada com cautela, pra poder usá-la em todo mundo – explicou Nico, todo feliz por poder demonstrar que nem só computadores e celulares novos são sonhos a serem alcançados.

– Que irado! – Cascão estava muito empolgado com os passos.

– Tá – Cebola foi tirando um papel do bolso. – Você mencionou que no diagnosticar precisamos ver no que e quanto gastamos. Então, vou anotar o gasto com esse sorvete e cancelar o próximo.

Todos riram e concordaram que também deveriam começar a anotar suas compras para saber no que estavam gastando, assim poderiam realizar muitos outros sonhos.

ORIENTAÇÃO DO NICO
QUATRO PASSOS. DIAGNOSTICAR A SITUAÇÃO, NO CASO, VER COM O QUE VOCÊ ESTÁ GASTANDO DINHEIRO. SONHAR, SABER O QUE QUER CONQUISTAR: O COMPUTADOR. ORÇAR, SABER SE O PREÇO DO COMPUTADOR CABE OU NÃO NO BOLSO. CASO NÃO CAIBA, SERÁ PRECISO REDUZIR AS DESPESAS PARA QUE O SONHO SEJA REALIZADO. E O ÚLTIMO PASSO É POUPAR: GUARDAR O DINHEIRO PARA O SONHO.
SONHOS

– Mas, Nico, quem te ensinou tudo isso, mesmo? – quis saber Mônica.

– Ah, o meu vô Amadeu – respondeu o garoto, olhando para a porta e vendo que o avô tinha acabado de chegar para buscá-lo.

Simpático como sempre, Amadeu cumprimentou toda a galera.

– Então, esse é o avô dos sonhos? – brincou Cebola.

– Esse mesmo! – riu Nico.

Os amigos se despediram, trocaram contatos e ficaram de mandar notícias pelas redes sociais. Nico e Amadeu foram embora. Era hora de o garoto voltar para sua cidade, Guatinga.

– Espero que seja o fim do Capitão Feio – disse Magali.

– A gente sabe que nunca é o fim dele, Magá – respondeu Cascão.

– Sério, ainda bem que vocês voltaram ao normal – respirou aliviado Cebola. – Não sei o que é pior: ficar sem sonhos ou conviver com todas as pessoas sem sonhos.

– Sorte nossa que o Nico estava aqui pra ajudar você, né, Cebola?

– É verdade, Mô. Ele é gente boa...

– Depois de todo aquele chilique que você deu... – cutucou Mônica.

– Águas passadas – mudou de assunto Cebola. – Inclusive, acho que deveríamos combinar que, se um dia um de nós estiver sem sonhos ou sem objetivos, os outros devem ajudá-lo a recuperá-los.

– Concordo! – disse Magali.

– Falou bonito, Careca! – também concordou Cascão.

– Desde que a motivação não seja ser o dono da rua... – advertiu Mônica e todos riram.

FIM.

Sorveteria
Sorvet

Dados Internacionais De Catalogação Na Publicação (CIP)
(Câmara Brasileira Do Livro, SP, Brasil)

Domingos, Reinaldo

Sem sonhos / Reinaldo Domingos; ilustração Mauricio de Sousa. -- 1. ed. -- São Paulo: Editora DSOP, 2017.

ISBN 978-85-8276-295-0

1. Finanças - Literatura infantojuvenil

I. Sousa, Mauricio de. II. Título.

17-03658 CDD-028.5

Índices para catálogo sistemático:
1. Educação financeira: Literatura infantil 028.5
2. Educação financeira: Literatura infantojuvenil 028.5

Presidente
Reinaldo Domingos

Diretora pedagógica
Ana Rosa Orellana Vilches Soprani

Editora de arte
Christine Baptista

Preparadora de texto
Renata de Sá

Roteirista e redatora
Daniela Nascimento

Revisor
Andrei Sant'Anna

Impressão
Intergraf

editora dsop

Av. Paulista, 726 – Cj. 1210 – Bela Vista
CEP: 01310-910 – São Paulo – SP
Tel.: 11 3177-7800

Estúdios Mauricio de Sousa

Presidente: Mauricio de Sousa

Diretoria: Alice Keico Takeda, Mauro Takeda e Sousa, Mônica S. e Sousa

Mauricio de Sousa é membro da Academia Paulista de Letras (APL)

Diretora Executiva
Alice Keico Takeda

Direção de Arte
Wagner Bonilla

Diretor de Licenciamento
Rodrigo Paiva

Coordenadora Comercial Editorial
Tatiane Comlosi

Analista Comercial
Alexandra Paulista

Editor
Sidney Gusman

Revisão
Ivana Mello

Editor de Arte
Mauro Souza

Coordenação de Arte
Irene Dellega, Maria A. Rabello, Nilza Faustino

Produtora Editorial Jr.
Regiane Moreira

Desenho
Lino Paes

Arte-final
Rosana Valim, Tatiana Monteiro

Cor
Giba Valadares, Kaio Bruder, Marcelo Conquista, Mauro Souza

Designer Gráfico e Diagramação
Estúdios Mauricio de Sousa

Supervisão de Conteúdo
Marina Takeda e Sousa

Supervisão Geral
Mauricio de Sousa

MAURICIO DE SOUSA EDITORA

Condomínio E-Business Park
Rua Werner Von Siemens, 111 - Prédio 19 Espaço 01
Lapa de Baixo – São Paulo/SP - CEP: 05069-010
TEL.: +55 11 3613-5000